全国计算机技术与软件专业技术资格（水平）考试用书

系统规划与管理师考试大纲

工业和信息化部教育与考试中心　编

清华大学出版社
北京

内 容 简 介

本书是工业和信息化部教育与考试中心编写的系统规划与管理师考试大纲（2024 年审定通过）。本书还包括人力资源和社会保障部、工业和信息化部的有关文件以及考试简介。

系统规划与管理师考试大纲是针对全国计算机技术与软件专业技术资格（水平）考试的高级资格制定的。通过本考试的考生，可被用人单位择优聘任为高级工程师。

图书在版编目(CIP)数据

系统规划与管理师考试大纲 / 工业和信息化部教育与考试中心编.
北京：清华大学出版社，2025.1（2025.1重印）. -- (全国计算机技术与软件专业技术资格（水平）考试用书). -- ISBN 978-7-302-66889-3
 Ⅰ . G203-41

中国国家版本馆 CIP 数据核字第 2024184FM6 号

责任编辑：杨如林
封面设计：杨玉兰
责任校对：胡伟民
责任印制：刘　菲

出版发行：清华大学出版社
　　　　网　　　址：https://www.tup.com.cn，https://www.wqxuetang.com
　　　　地　　　址：北京清华大学学研大厦 A 座　　邮　编：100084
　　　　社　总　机：010-83470000　　　　　　　邮　购：010-62786544
　　　　投稿与读者服务：010-62776969，c-service@tup.tsinghua.edu.cn
　　　　质量反馈：010-62772015，zhiliang@tup.tsinghua.edu.cn
印 装 者：大厂回族自治县彩虹印刷有限公司
经　　销：全国新华书店
开　　本：130mm×185mm　　印　张：1.5　　字　数：40 千字
版　　次：2025 年 1 月第 1 版　　　　印　次：2025 年 1 月第 2 次印刷
定　　价：15.00 元

产品编号：107478-01

前　言

　　全国计算机技术与软件专业技术资格（水平）考试（以下简称"计算机软件考试"）是国家人力资源和社会保障部、工业和信息化部联合组织实施的专业技术资格考试，其目的是科学、公正地对全国计算机技术与软件专业技术人员进行职业资格和专业技术水平测试。计算机软件考试包括了计算机软件、计算机网络、计算机应用技术、信息系统、信息服务5个专业领域，初级资格（技术员/助理工程师）、中级资格（工程师）、高级资格（高级工程师）3个级别层次以及27个专业技术资格。根据信息技术产业发展迅速及信息技术人才年轻化的特点，为了不拘一格选拔人才，报考计算机软件考试不限学历与资历条件。

　　目前，软件设计师、程序员、网络工程师、数据库系统工程师、系统分析师、系统架构设计师和信息系统项目管理师考试标准实现了中国与日本互认，程序员和软件设计师考试标准实现了中国与韩国互认。

　　计算机软件考试的考试大纲（考试标准）是由工业和信息化部教育与考试中心组织全国相关企业、研究所、高校的专家，通过调研大量企业的相应专业技术岗位，参考国际先进的考试标准，逐步提炼，反复讨论并达成共识，形成了专业技术人员的知识和能力与岗位相适应的考试标准。

　　参加计算机软件考试并取得相应级别资格证书，纳入全国专业技术人员职业资格证书制度统一规划，是各用人单位聘用计算机技术与软件专业系列专业技术职务的前提。通过考试获得证书的人员，表明其已具备从事相应专业岗位工作的水平和能力，用人单位可根据工作需要从获得证书的人员中择优聘任相应专业技术职务。取得初级资格可聘任技术员或助理工程师职务；取得中级资格可聘任工程师职务；取得高级资格可聘任高级工程师职务。

计算机软件考试的其他信息详见中国计算机技术职业资格网（www.ruankao.org.cn）。

编　者

2024 年 8 月

目 录

关于印发《计算机技术与软件专业技术资格（水平）考试暂行规定》和《计算机技术与软件专业技术资格（水平）考试实施办法》的通知..................................1

    计算机技术与软件专业技术资格（水平）考试暂行规定...3

    计算机技术与软件专业技术资格（水平）考试实施办法...7

    计算机技术与软件专业技术资格（水平）考试专业类别、资格名称和级别对应表.............................10

关于中日信息技术考试标准互认有关事宜的通知..............12

关于中韩信息技术考试标准互认的通知....................14

系统规划与管理师考试大纲............................16

一、考试说明 16

二、考试范围 17

三、题型举例 38

人　事　部
信　息　产　业　部　文件

国人部发〔2003〕39号

关于印发《计算机技术与软件专业
技术资格（水平）考试暂行规定》和
《计算机技术与软件专业技术资格
（水平）考试实施办法》的通知

各省、自治区、直辖市人事厅（局）、信息产业厅（局），
国务院各部委、各直属机构人事部门，中央管理的企业：

　　为适应国家信息化建设的需要，规范计算机技术与
软件专业人才评价工作，促进计算机技术与软件专业人
才队伍建设，人事部、信息产业部在总结计算机软件专
业资格和水平考试实施情况的基础上，重新修订了计算
机软件专业资格和水平考试有关规定。现将《计算机技
术与软件专业技术资格（水平）考试暂行规定》和《计
算机技术与软件专业技术资格（水平）考试实施办法》

印发给你们，请遵照执行。

自 2004 年 1 月 1 日起，人事部、原国务院电子信息系统推广应用办公室发布的《关于印发〈中国计算机软件专业技术资格和水平考试暂行规定〉的通知》（人职发〔1991〕6 号）和人事部《关于非在职人员计算机软件专业技术资格证书发放问题的通知》（人职发〔1994〕9 号）即行废止。

中华人民共和国 中华人民共和国
人 事 部 信 息 产 业 部

二○○三年十月十八日

计算机技术与软件专业技术
资格（水平）考试暂行规定

第一条 为适应国家信息化建设的需要，加强计算机技术与软件专业人才队伍建设，促进我国计算机应用技术和软件产业的发展，根据国务院《振兴软件产业行动纲要》以及国家职业资格证书制度的有关规定，制定本规定。

第二条 本规定适用于社会各界从事计算机应用技术、软件、网络、信息系统和信息服务等专业技术工作的人员。

第三条 计算机技术与软件专业技术资格（水平）考试（以下简称计算机专业技术资格（水平）考试），纳入全国专业技术人员职业资格证书制度统一规划。

第四条 计算机专业技术资格（水平）考试工作由人事部、信息产业部共同负责，实行全国统一大纲、统一试题、统一标准、统一证书的考试办法。

第五条 人事部、信息产业部根据国家信息化建设和信息产业市场需求，设置并确定计算机专业技术资格（水平）考试专业类别和资格名称。

计算机专业技术资格（水平）考试级别设置：初级资格、中级资格和高级资格3个层次。

第六条　信息产业部负责组织专家拟订考试科目、考试大纲和命题，研究建立考试试题库，组织实施考试工作和统筹规划培训等有关工作。

第七条　人事部负责组织专家审定考试科目、考试大纲和试题，会同信息产业部对考试进行指导、监督、检查，确定合格标准。

第八条　凡遵守中华人民共和国宪法和各项法律，恪守职业道德，具有一定计算机技术应用能力的人员，均可根据本人情况，报名参加相应专业类别、级别的考试。

第九条　计算机专业技术资格（水平）考试合格者，由各省、自治区、直辖市人事部门颁发人事部统一印制，人事部、信息产业部共同用印的《中华人民共和国计算机专业技术资格（水平）证书》。该证书在全国范围有效。

第十条　通过考试并获得相应级别计算机专业技术资格（水平）证书的人员，表明其已具备从事相应专业岗位工作的水平和能力，用人单位可根据《工程技术人员职务试行条例》有关规定和工作需要，从获得计算机专业技术资格（水平）证书的人员中择优聘任相应专业技术职务。

取得初级资格可聘任技术员或助理工程师职务；取

得中级资格可聘任工程师职务；取得高级资格可聘任高级工程师职务。

第十一条 计算机专业技术资格（水平）实施全国统一考试后，不再进行计算机技术与软件相应专业和级别的专业技术职务任职资格评审工作。

第十二条 计算机专业技术资格（水平）证书实行定期登记制度，每3年登记一次。有效期满前，持证者应按有关规定到信息产业部指定的机构办理登记手续。

第十三条 申请登记的人员应具备下列条件：

（一）取得计算机专业技术资格（水平）证书；

（二）职业行为良好，无犯罪记录；

（三）身体健康，能坚持本专业岗位工作；

（四）所在单位考核合格。

再次登记的人员，还应提供接受继续教育或参加业务技术培训的证明。

第十四条 对考试作弊或利用其他手段骗取《中华人民共和国计算机专业技术资格（水平）证书》的人员，一经发现，即行取消其资格，并由发证机关收回证书。

第十五条 获准在中华人民共和国境内就业的外籍人员及港、澳、台地区的专业技术人员，可按照国家有关政策规定和程序，申请参加考试和办理登记。

第十六条 在本规定施行日前，按照《中国计算机软件专业技术资格和水平考试暂行规定》（人职发〔1991〕6号）参加考试并获得人事部印制、人事部和信息产业部共同用印的《中华人民共和国专业技术资格证书》（计算机软件初级程序员、程序员、高级程序员资格）和原中国计算机软件专业技术资格（水平）考试委员会统一印制的《计算机软件专业水平证书》的人员，其资格证书和水平证书继续有效。

第十七条　本规定自 2004 年 1 月 1 日起施行。

计算机技术与软件专业技术
资格（水平）考试实施办法

第一条 计算机技术与软件专业技术资格（水平）考试（以下简称计算机专业技术资格（水平）考试）在人事部、信息产业部的领导下进行，两部门共同成立计算机专业技术资格（水平）考试办公室（设在信息产业部），负责计算机专业技术资格（水平）考试实施和日常管理工作。

第二条 信息产业部组织成立计算机专业技术资格（水平）考试专家委员会，负责考试大纲的编写、命题、建立考试试题库。

具体考务工作由信息产业部电子教育中心（原中国计算机软件考试中心）负责。各地考试工作由当地人事行政部门和信息产业行政部门共同组织实施，具体职责分工由各地协商确定。

第三条 计算机专业技术资格（水平）考试原则上每年组织两次，在每年第二季度和第四季度举行。

第四条 根据《计算机技术与软件专业技术资格（水平）考试暂行规定》（以下简称《暂行规定》）第五

条规定，计算机专业技术资格（水平）考试划分为计算机软件、计算机网络、计算机应用技术、信息系统和信息服务 5 个专业类别，并在各专业类别中分设了高、中、初级专业资格考试，详见《计算机技术与软件专业技术资格（水平）考试专业类别、资格名称和级别层次对应表》（附后）。人事部、信息产业部将根据发展需要适时调整专业类别和资格名称。

考生可根据本人情况选择相应专业类别、级别的专业资格（水平）参加考试。

第五条 高级资格设：综合知识、案例分析和论文 3 个科目；中级、初级资格均设：基础知识和应用技术 2 个科目。

第六条 各级别考试均分 2 个半天进行。

高级资格综合知识科目考试时间为 2.5 小时，案例分析科目考试时间为 1.5 小时、论文科目考试时间为 2 小时。

初级和中级资格各科目考试时间均为 2.5 小时。

第七条 计算机专业技术资格（水平）考试根据各级别、各专业特点，采取纸笔、上机或网络等方式进行。

第八条 符合《暂行规定》第八条规定的人员，由本人提出申请，按规定携带身份证明到当地考试管理机构报名，领取准考证。凭准考证、身份证明在指定的时间、地点参加考试。

第九条 考点原则上设在地市级以上城市的大、中专院校或高考定点学校。

中央和国务院各部门所属单位的人员参加考试，实行属地化管理原则。

第十条 坚持考试与培训分开的原则，凡参与考试工作的人员，不得参加考试及与考试有关的培训。

应考人员参加培训坚持自愿的原则。

第十一条 计算机专业技术资格（水平）考试大纲由信息产业部编写和发行。任何单位和个人不得盗用信息产业部名义编写、出版各种考试用书和复习资料。

第十二条 为保证培训工作健康有序进行，由信息产业部统筹规划培训工作。承担计算机专业技术资格（水平）考试培训的机构，应具备师资、场地、设备等条件。

第十三条 计算机专业技术资格（水平）考试、登记、培训及有关项目的收费标准，须经当地价格行政部门核准，并向社会公布，接受群众监督。

第十四条 考务管理工作要严格执行考务工作的有关规章和制度，切实做好试卷的命制、印刷、发送和保管过程中的保密工作，遵守保密制度，严防泄密。

第十五条 加强对考试工作的组织管理，认真执行考试回避制度，严肃考试工作纪律和考场纪律。对弄虚作假等违反考试有关规定者，要依法处理，并追究当事人和有关领导的责任。

计算机技术与软件专业技术
资格（水平）考试
专业类别、资格名称和级别对应表

资格名称级别层次 专业类别	计算机软件	计算机网络	计算机应用技术	信息系统	信息服务
高级资格		·信息系统项目管理师 ·系统分析师 ·系统架构设计师 ·网络规划设计师 ·系统规划与管理师			
中级资格	·软件评测师 ·软件设计师 ·软件过程能力评估师	·网络工程师	·多媒体应用设计师 ·嵌入式系统设计师 ·计算机辅助设计师 ·电子商务设计师	·系统集成项目管理工程师 ·信息系统监理师 ·信息安全工程师 ·数据库系统工程师 ·信息系统管理工程师	·计算机硬件工程师 ·信息技术支持工程师
初级资格	·程序员	·网络管理员	·多媒体应用制作技术员 ·电子商务技术员	·信息系统运行管理员	·网页制作员 ·信息处理技术员

主题词：专业技术人员 考试 规定 办法 通知

抄送：党中央各部门、全国人大常委会办公厅、全国政
协办公厅、国务院办公厅、高法院、高检院、解
放军各总部。

人事部办公厅　　　　　　　　2003 年 10 月 27 日印发

全国计算机软件考试办公室文件

软考办〔2005〕1 号

关于中日信息技术考试标准互认
有关事宜的通知

各地计算机软件考试实施管理机构:

为进一步加强我国信息技术人才培养和选拔的标准化,促进国际间信息技术人才的流动,推动中日两国信息技术的交流与合作,信息产业部电子教育中心与日本信息处理技术人员考试中心,分别受信息产业部、人事部和日本经济产业省委托,就中国计算机技术与软件专业技术资格(水平)考试与日本信息处理技术人员考试(以下简称中日信息技术考试)的考试标准,于 2005 年 3 月 3 日再次签署了《关于中日信息技术考试标准互认的协议》,在 2002 年签署的互认协议的基础上增加了网络工程师和数据库系统工程师的互认。现就中日信息技术考试标准互认中的有关事宜内容通知如下:

一、中日信息技术考试标准互认的级别如下:

中国的考试级别 （考试大纲）	日本的考试级别 （技能标准）
系统分析师	系统分析师 项目经理 应用系统开发师
软件设计师	软件开发师
网络工程师	网络系统工程师
数据库系统工程师	数据库系统工程师
程序员	基本信息技术师

二、采取灵活多样的方式，加强对中日信息技术考试标准互认的宣传，不断扩大考试规模，培养和选拔更多的信息技术人才，以适应日益增长的社会需求。

三、根据国内外信息技术的迅速发展，继续加强考试标准的研究与更新，提高考试质量，进一步树立考试的品牌。

四、鼓励相关企业以及研究、教育机构，充分利用中日信息技术考试标准互认的新形势，拓宽信息技术领域国际交流合作的渠道，开展多种形式的国际交流与合作活动，发展对日软件出口。

五、以中日互认的考试标准为参考，引导信息技术领域的职业教育、继续教育改革，使其适应新形势下的职业岗位实际工作要求。

二〇〇五年三月八日

全国计算机软件考试办公室文件

软考办〔2006〕2号

关于中韩信息技术考试标准互认的通知

各地计算机软件考试实施管理机构：

为进一步加强我国信息技术人才培养和选拔的标准化，促进国际间信息技术人才的流动，推动中韩两国信息技术的交流与合作，信息产业部电子教育中心与韩国人力资源开发服务中心，分别受中国信息产业部、人事部和韩国信息与通信部委托，就中国计算机技术与软件专业技术资格（水平）考试与韩国信息处理技术人员考试（以下简称中韩信息技术考试）的考试标准，于2006年1月19日签署了《关于中韩信息技术考试标准互认的协议》。现就有关事宜通知如下：

一、中韩信息技术考试标准互认的级别如下：

中国的考试级别 （考试大纲）	韩国的考试级别 （技能标准）
软件设计师	信息处理工程师
程序员	信息处理产业工程师

二、应采取灵活多样的方式，加强对中韩信息技术

考试标准互认的宣传，不断扩大考试规模，培养和选拔更多的信息技术人才，以适应日益增长的社会需求。

三、应根据国内外信息技术的迅速发展，继续加强考试标准的研究与更新，提高考试质量，进一步树立考试的品牌。

四、应鼓励相关企业以及研究、教育机构，充分利用中韩信息技术考试标准互认的新形势，拓宽信息技术领域国际交流合作的渠道，开展多种形式的国际交流与合作活动。

五、以中韩互认的考试标准为参考，积极引导信息技术领域的职业教育与继续教育改革，使其适应新形势下的职业岗位实际工作要求。

二〇〇六年二月二十八日

系统规划与管理师考试大纲

一、考 试 说 明

1. 考试目标

通过本考试的合格人员能够具备规划与管理信息系统的能力；能够在了解信息系统、信息技术发展、系统科学与哲学方法论的基础上，在我国信息化和数字化建设有关政策和发展规划的指导下，按照信息系统有关的法律法规、标准和规范要求，掌握信息系统规划、应用系统规划、云资源规划、网络环境规划、数据资源规划、信息安全规划、云原生系统规划相关的系统规划知识与方法，具备信息系统治理、信息系统服务管理、人员管理、规范与过程管理、技术与研发管理、资源与工具管理、信息系统项目管理相关的管理能力与实践能力；同时熟悉我国智慧城市、智慧园区、数字乡村、企业数字化转型、智能制造、新型消费系统发展规划的相关政策、规划内容与建设实践。通过本考试的合格人员具备高级工程师的工作能力和管理水平，能够有效指导信息系统管理工程师的工作。

2. 考试要求

（1）了解信息系统、信息技术发展，以及我国信息化和数字化建设的有关政策和发展规划；

（2）了解系统科学与哲学方法论；

（3）掌握信息系统规划、应用系统规划、云资源规划、网络环境规划、数据资源规划、信息安全规划、云原生系统规划相关的系统规划知识与方法；

（4）掌握信息系统治理、信息系统服务管理、人员管理、规范与过程管理、技术与研发管理、资源与工具管理、信息系统项目管理相关的管理知识与方法，具备相关管理能力与实践能力；

（5）熟悉我国智慧城市、智慧园区、数字乡村、企业数字化转型、智能制造、新型消费系统发展规划的相关政策、规划内容与建设实践；

（6）熟悉信息系统有关的法律法规、标准和规范；

（7）熟练阅读和正确理解相关领域的英文资料。

3．考试科目设置及考试方式

（1）系统规划与管理师综合知识，计算机化考试；

（2）系统规划与管理师案例分析，计算机化考试；

（3）系统规划与管理师论文，计算机化考试。

二、考 试 范 围

考试科目 1：系规规划与管理师综合知识

1. 信息系统与信息技术发展

1.1 信息系统及其发展

1.1.1 信息化内涵与特征

1.1.2　信息系统内涵与特征

1.1.3　信息系统发展

1.2　信息技术及其发展

1.2.1　计算机软硬件

1.2.2　计算机网络

1.2.3　数据存储和数据库

1.2.4　信息安全

1.2.5　信息技术发展

1.3　新一代信息技术及其发展

1.3.1　物联网

1.3.2　区块链

1.3.3　云计算

1.3.4　大数据

1.3.5　人工智能

1.3.6　边缘计算

1.3.7　数字孪生

1.3.8　新一代信息技术发展

2. 数字中国与数智化发展

2.1　数字化转型

2.1.1　驱动因素

2.1.2　基本原理

2.1.3　数字化转型国家标准

2.2　数字中国

2.2.1　起源与发展

2.2.2　内涵与外延

2.2.3　主要内容

2.3　数字经济

    2.3.1　新技术经济范式

    2.3.2　主要内容构成

  2.4　数字政府

    2.4.1　数字新特征

    2.4.2　主要内容

    2.4.3　能力体系

  2.5　数字社会

    2.5.1　数字民生

    2.5.2　智慧城市

    2.5.3　数字乡村

    2.5.4　数字生活

  2.6　数字生态

    2.6.1　数据要素市场

    2.6.2　网络安全保护

  2.7　数智化发展

    2.7.1　科学范式与科技革命

    2.7.2　数字新空间

    2.7.3　数字营商环境

    2.7.4　数智化新业态新模式

3. 系统科学与哲学方法论

  3.1　矛盾论

    3.1.1　主要思想

    3.1.2　在系统规划与管理中的应用

  3.2　实践论

    3.2.1　主要思想

    3.2.2　在系统规划与管理中的应用

  3.3　系统论

3.3.1　主要思想

3.3.2　在系统规划与管理中的应用

3.4　信息论

3.4.1　主要思想

3.4.2　在系统规划与管理中的应用

3.5　控制论

3.5.1　主要思想

3.5.2　在系统规划与管理中的应用

3.6　耗散结构理论

3.6.1　主要思想

3.6.2　在系统规划与管理中的应用

3.7　协同论

3.7.1　主要思想

3.7.2　在系统规划与管理中的应用

3.8　突变论

3.8.1　主要思想

3.8.2　在系统规划与管理中的应用

3.9　复杂系统论

3.9.1　主要思想

3.9.2　在系统规划与管理中的应用

4. 信息系统规划

4.1　概述

4.2　信息系统规划主要内容

4.2.1　信息系统发展战略

4.2.2　主要系统及框架

4.2.3　组织体系优化

4.2.4　技术体系定义

4.2.5 任务体系部署

4.2.6 资源体系调度

4.2.7 保障体系设定

4.3 信息系统规划工作要点

4.3.1 内外部需求挖掘

4.3.2 场景化模型分析

4.3.3 深度诊断与评估

4.3.4 整体与专项规划

4.3.5 持续改进

4.4 信息系统规划常用方法

4.4.1 战略目标集转移法

4.4.2 企业信息系统规划法

4.4.3 关键成功因素法

4.4.4 价值链分析法

4.4.5 Zachman 框架

5. 应用系统规划

5.1 基础

5.1.1 基本概念

5.1.2 基础架构

5.2 主要内容

5.2.1 生命周期选择

5.2.2 体系结构定义

5.2.3 接口定义

5.2.4 数据定义

5.2.5 构件定义

5.3 主要过程

5.3.1 初步调研

5.3.2 可行性研究

5.3.3 详细调研

5.3.4 系统分析

5.3.5 系统设计

5.4 常用方法

5.4.1 应用系统组合法

5.4.2 TOGAF 架构

5.4.3 面向服务的架构

5.5 软件工厂

5.5.1 发展现状

5.5.2 与传统开发对比

5.5.3 建设方法

5.5.4 应用场景

6. 云资源规划

6.1 云资源规划概述

6.1.1 重要性和目标

6.1.2 关键要素

6.1.3 基本流程

6.2 云计算架构

6.2.1 云计算服务类型

6.2.2 云计算内部特征

6.2.3 云计算外部特征

6.2.4 云计算服务模式

6.3 计算资源规划

6.3.1 基本概念

6.3.2 方法和技术

6.3.3 关键过程

6.4 存储资源规划

    6.4.1 基本概念

    6.4.2 存储资源和技术

    6.4.3 关键过程

6.5 云数据中心规划

    6.5.1 基本概念

    6.5.2 核心技术

    6.5.3 规划与建设

    6.5.4 发展趋势和挑战

7. 网络环境规划

7.1 网络架构和主要技术

    7.1.1 信息网络系统一般体系框架模型

    7.1.2 开放系统互连 OSI 七层模型

    7.1.3 TCP/IP 协议族、IPv4 协议、IPv6 协议

    7.1.4 传输平台一般架构和主要技术

    7.1.5 网络规划常见网络拓扑结构

7.2 广域网规划

    7.2.1 广域网一般架构

    7.2.2 广域网主要技术

    7.2.3 广域网规划的主要内容

7.3 局域网规划

    7.3.1 局域网一般架构

    7.3.2 局域网主要技术

    7.3.3 局域网规划重点关注的内容

7.4 无线网规划

    7.4.1 4G/5G 移动通信技术

    7.4.2 NB-IoT 等专用无线通信网络技术

7.4.3　无线局域网技术

7.4.4　无线网规划重点关注的内容

7.5　网络整体规划的重点事项

7.5.1　网络管理和维护功能设计

7.5.2　网络安全设计和安全管理

7.5.3　机房建设

7.5.4　综合布线

7.5.5　监控系统

7.5.6　节能降耗

8. 数据资源规划

8.1　概述

8.1.1　数据的定义

8.1.2　数据资源的定义

8.1.3　数据资源规划的定义与作用

8.2　数据资源规划的方法

8.2.1　基于稳定信息过程的方法

8.2.2　基于稳定信息结构的方法

8.2.3　基于指标能力的方法

8.3　数据架构

8.3.1　数据架构定义与目标

8.3.2　数据模型

8.3.3　数据流设计

8.3.4　数据架构演化的驱动因素

8.3.5　传统数据架构

8.3.6　现代数据架构

8.4　数据标准化

8.4.1　建立数据标准体系

8.4.2　元数据标准化

8.4.3　数据元标准化

8.4.4　数据分类与编码

8.5　数据管理

8.5.1　数据治理

8.5.2　数据质量

8.5.3　数据安全

9. 信息安全规划

9.1　概述

9.1.1　信息安全的定义

9.1.2　信息安全面临的威胁

9.1.3　信息安全规划的原则

9.1.4　信息安全规划的注意事项

9.2　信息安全架构

9.2.1　安全架构的定义和范围

9.2.2　商业应用安全架构

9.2.3　信息系统安全保障模型

9.3　信息安全规划的主要内容

9.3.1　关注利益相关方的安全诉求

9.3.2　信息安全组织体系规划

9.3.3　信息安全管理体系规划

9.3.4　信息安全技术体系规划

9.3.5　信息安全运营体系规划

9.4　信息安全规划案例

10. 云原生系统规划

10.1　云原生发展背景

10.1.1　概念

10.1.2 发展概述

10.2 云原生技术架构

10.2.1 架构定义

10.2.2 设计原则

10.2.3 架构模式

10.2.4 架构优势

10.3 云原生建设规划

10.4 云原生实践案例

11. 信息系统治理

11.1 IT 治理

11.1.1 IT 治理基础

11.1.2 IT 治理体系

11.1.3 IT 治理任务

11.1.4 IT 治理方法与标准

11.2 IT 审计

11.2.1 IT 审计基础

11.2.2 审计方法与技术

11.2.3 审计流程

11.2.4 审计内容

12. 信息系统服务管理

12.1 服务战略规划

12.1.1 规划设计活动

12.1.2 服务目录管理

12.1.3 服务需求识别

12.1.4 服务级别设计

12.2 服务设计实现

12.2.1 服务模式设计

12.2.2 人员要素设计

12.2.3 资源要素设计

12.2.4 技术要素设计

12.2.5 过程要素设计

12.3 服务运营提升

12.3.1 业务关系管理

12.3.2 服务营销管理

12.3.3 服务成本度量

12.3.4 服务项目预算、核算和结算

12.3.5 服务外包收益

12.4 服务退役终止

12.4.1 沟通管理

12.4.2 风险控制

12.4.3 资源回收

12.4.4 信息处置

12.5 持续改进与监督

12.5.1 服务风险管理

12.5.2 服务测量

12.5.3 服务质量管理

12.5.4 服务回顾

12.5.5 服务改进

13. 人员管理

13.1 人力资源管理基础

13.2 工作分析与岗位设计

13.2.1 工作分析

13.2.2 岗位设计

13.3 人力资源战略与计划

13.3.1　人力资源战略

13.3.2　人力资源预测

13.3.3　人力资源计划控制与评价

13.4　人员招聘与录用

13.4.1　招聘过程

13.4.2　招聘渠道

13.4.3　录用方法

13.4.4　招聘面试

13.4.5　招聘效果评估

13.5　人员培训

13.5.1　培训程序与培训类型

13.5.2　培训内容与需求评估

13.5.3　培训效果评估与迁移

13.6　组织绩效与薪酬管理

13.6.1　组织绩效管理

13.6.2　组织薪酬管理

13.7　人员职业规划与管理

14. 规范与过程管理

14.1　管理标准化

14.1.1　标准化过程基本原理

14.1.2　简化

14.1.3　系列化

14.1.4　组合化和模块化

14.1.5　综合标准化

14.1.6　超前标准化

14.2　流程规划

14.2.1　端到端的流程

14.2.2　组织流程框架

14.2.3　流程规划方法

14.2.4　流程分类分级

14.3　流程执行

14.4　流程评价

14.5　流程持续改进

15. 技术与研发管理

15.1　技术研发管理

15.1.1　目标和范围

15.1.2　组织架构

15.1.3　管理过程

15.1.4　管理要点

15.2　技术研发应用

15.2.1　管理要点

15.2.2　主要应用

15.3　知识产权管理

15.3.1　目标和范围

15.3.2　管理职责

15.3.3　管理制度和流程

15.3.4　评价、审核与改进

16. 资源与工具管理

16.1　研发与测试管理

16.1.1　研发管理工具

16.1.2　测试管理工具

16.1.3　研发与测试环境搭建和维护

16.2　运维管理

16.2.1　监控工具

16.2.2 过程管理工具

16.2.3 自动化专用工具

16.2.4 服务台

16.2.5 知识管理

16.2.6 备件管理

16.2.7 新型运维工具

16.3 项目管理工具

17. 信息系统项目管理

17.1 项目基本要素

17.1.1 项目基础

17.1.2 项目管理的重要性

17.1.3 项目成功的标准

17.1.4 项目、项目集、项目组合和运营管理之间的关系

17.1.5 项目内外部运行环境

17.1.6 组织系统

17.1.7 项目管理和产品管理

17.2 项目经理的角色

17.2.1 项目经理的定义

17.2.2 项目经理的影响力范围

17.2.3 项目经理的能力

17.3 价值驱动的项目管理知识体系

17.3.1 项目管理原则

17.3.2 项目生命周期和项目阶段

17.3.3 项目管理过程组

17.3.4 项目管理知识领域

17.3.5 项目绩效域

17.3.6 价值交付系统

18. 智慧城市发展规划

18.1 发展整体环境

18.1.1 概念演进

18.1.2 实践发展

18.1.3 宏观环境

18.2 发展关注焦点

18.2.1 城市治理

18.2.2 惠民服务

18.2.3 生态宜居

18.2.4 产业发展

18.2.5 区域协同

18.3 发展规划要点

18.3.1 承接城市战略

18.3.2 确立规划原则

18.3.3 明确目标愿景

18.3.4 业务与技术融合规划

18.3.5 数字基础设施规划

18.3.6 组织与保障体系规划

18.4 系统架构

18.4.1 业务架构

18.4.2 应用架构

18.4.3 数据架构

18.4.4 技术架构

18.4.5 其他内容

18.5 实践案例

18.5.1 某市数字政府和智慧城市发展规划

18.5.2　某市智慧城市发展规划

19. 智慧园区发展规划

19.1　发展整体环境

19.1.1　宏观政策与引导

19.1.2　发展现状与路径

19.1.3　投资运营模式

19.2　发展关注焦点

19.2.1　招引建设

19.2.2　经济监测

19.2.3　园区运行

19.2.4　公共安全

19.2.5　产城融合

19.2.6　绿色园区

19.2.7　关键评价指标

19.3　发展规划要点

19.3.1　数智化转型提升

19.3.2　建设发展可持续

19.3.3　技术与制度创新

19.3.4　运维与运营体系

19.4　信息系统架构

19.4.1　应用架构

19.4.2　数据架构

19.4.3　交互体系

19.5　建设实践案例

19.5.1　产城融合智慧园区案例

19.5.2　科技园智慧园区案例

20. 数字乡村发展规划

20.1　发展整体环境

20.1.1　宏观政策与引导

20.1.2　产业发展驱动

20.1.3　标准体系规范

20.2　发展关注焦点

20.2.1　乡村数字经济

20.2.2　乡村数字服务

20.2.3　乡村数字治理

20.2.4　乡村数字生态

20.2.5　文化资源数字化

20.3　发展规划要点

20.3.1　加强乡村数字基础建设

20.3.2　推动数字治理体系建设

20.3.3　加快城乡教育一体化建设

20.3.4　坚持数字经济发展为导向

20.3.5　关键技术与数字乡村应用的深度融合

20.4　信息系统架构设计

20.4.1　业务架构

20.4.2　总体架构

20.4.3　数据架构

20.4.4　运营与服务架构

20.5　建设实践案例

20.5.1　乡村数字经济实践案例

20.5.2　乡村数字治理服务实践案例

21. 企业数字化转型发展规划

21.1　转型驱动力

21.1.1 时代演进驱动力

21.1.2 技术资源驱动力

21.1.3 政策金融驱动力

21.1.4 升级发展驱动力

21.2 转型关注焦点

21.2.1 客户中心

21.2.2 数智赋能

21.2.3 敏捷组织

21.2.4 新型文化

21.3 转型能力成熟度

21.3.1 数字化转型成熟度模型

21.3.2 转型基础能力成熟度演进

21.3.3 业务转型能力成熟度演进

21.4 转型的规划要点

21.4.1 管控规划活动

21.4.2 定义数字化蓝图

21.4.3 明确数字化发展需求

21.4.4 制订解决方案与路径计划

21.4.5 确保保障措施有效性

21.4.6 规划建设数字人才

21.5 转型系统架构规划设计

21.5.1 业务架构

21.5.2 数据架构

21.5.3 应用架构

21.5.4 技术架构

21.6 转型的实践案例

21.6.1 转型概览

21.6.2　驱动因素

21.6.3　策略机制

21.6.4　达成效果

22.　智能制造发展规划

22.1　发展整体环境

22.1.1　发展演进与历程

22.1.2　传统制造业的强化转型升级

22.1.3　信息数字技术突破发展

22.1.4　各国智能制造发展战略加速

22.1.5　中国制造 2025

22.2　发展关注焦点

22.2.1　智能制造人才培养

22.2.2　数字化研发设计

22.2.3　生产过程智能化

22.2.4　设备管理智能化

22.2.5　智能物流与仓储配送

22.2.6　智慧安全管理

22.2.7　智慧环保管理

22.2.8　智慧能源管理

22.3　能力成熟度模型 CMMM

22.3.1　CMMM 概览

22.3.2　CMMM 应用

22.4　发展规划要点

22.4.1　规划原则

22.4.2　规划活动要点

22.4.3　规划管理要点

22.5　信息系统架构

22.5.1 总体架构

22.5.2 集成架构

22.5.3 实施路径

22.6 建设实践案例

22.6.1 发动机智能制造案例

22.6.2 电缆智能制造案例

23. 新型消费系统规划

23.1 发展整体环境

23.1.1 发展历程

23.1.2 宏观政策引导

23.1.3 数字经济加持

23.1.4 技术演进推动

23.1.5 特征与挑战

23.2 发展关注焦点

23.2.1 新零售业态

23.2.2 互联网+服务

23.2.3 共享型消费

23.2.4 兴趣消费

23.3 规划要点

23.3.1 需求分析

23.3.2 用户体验

23.3.3 精准营销

23.3.4 效益分析

23.3.5 关键要素

23.4 系统架构

23.4.1 总体架构

23.4.2 技术架构

　　　23.4.3　安全保障

　　　23.4.4　灵活扩展

　　23.5　实践案例

　　　23.5.1　服装类智慧门店案例

　　　23.5.2　农产品新型消费案例

24. 法律法规和标准规范

　　24.1　法律法规

　　　24.1.1　法与法律

　　　24.1.2　法律体系

　　　24.1.3　法的效力

　　　24.1.4　法律法规体系的效力层级

　　　24.1.5　系统规划项目管理中常用的法律

　　24.2　标准规范

　　　24.2.1　标准和标准化

　　　24.2.2　标准分级与标准分类

　　　24.2.3　我国标准的编号及名称

　　　24.2.4　我国标准的有效期

　　　24.2.5　国际信息技术服务标准

　　　24.2.6　我国信息技术服务标准体系

考试科目 2：系统规划与管理师案例分析

　　根据试题给定的案例分析场景，应用系统规划与管理知识对案例场景进行分析，得到相应的结论或给出建议。案例分析基于系统规划与管理师需要熟悉和掌握的知识范围展开，涉及内容："考试科目 1：系统规划与管理综合知识"中"4.信息系统规划"至"24.法律法规和标准规范"。

考试科目3：系统规划与管理师论文

根据试卷上给出的论文题目，按照规定的要求撰写论文。论文基于系统规划与管理师需要掌握的知识范围展开，涉及内容："考试科目1：系统规划与管理综合知识"中"4.信息系统规划"至"17.信息系统项目管理"。

三、题型举例

（一）选择题
（1）关于信息系统开发方法的描述，正确的是_____。

    A．使用草图和模型来阐明用户界面是面向对象方法的原则

    B．原型法要求对系统做全面、详细的调查和分析

    C．面向对象方法既能反映问题域，也能被计算机系统求解域所接受

    D．原型法与结构化方法都要求用户需求在系统建立之前就能被充分理解。

（2）_____不属于服务作为产品表现出的特性。

    A．不可分离性   B．无形性

    C．不易消失性   D．异质性

（二）案例题

某大型企业去年信息化投入大，完成了重点核心业务系统的建设。由于应急响应预案制定的不充分并且未开展演练，出现系统性故障时，部分关键的应用系统不可用且在 12 小时内未能恢复业务，给企业带来了较大损失。

为加强该企业 IT 服务的规范化水平，IT 服务部门管理人员小王，规划了今年的 IT 服务部署实施计划。在部署实施

计划中包含了服务团队组建计划、知识转移计划、培训计划、工具采购部署测试上线计划、服务计划、过程绩效指标。

在应急响应预案制定过程中，与 IT 服务总监、客户接口人、IT 恢复小组组员和运维工程师等充分沟通，明确需求与职责。

【问题 1】（10 分）

（1）请指出 IT 服务部署实施计划阶段包含的活动。

（2）请补充小王在部署实施计划中所遗漏的工作内容。

【问题 2】（11 分）

（1）请简述制定应急预案的原则。

（2）结合本案例，应针对哪些情形制定应急预案。

【问题 3】（4 分）

请完成下列问题正确答案的选择（请选择 4 个正确选项填写在答题纸的对应栏内）。

在部署实施过程中与干系人达成共识的内容包括_____：

A．开展项目的原因和目标

B．项目的范围

C．人员培训管理计划

D．公司战略目标

E．项目初步实现所要求的条件

F．公司的组织结构图

G．项目的交付物与其约束条件

H．与持续改进相关的方法